Introducción a las finanzas y contabilidad.

Jorge manuel prieto ballester

ISBN 978-1-291-95431-9. Todos los derechos reservados. Cualquier forma de reproducción, distribución, comunicación pública o transformación de esta obra solo puede ser realizada con la autorización del autor. Por tanto, este libro no podrá ser reproducido total o parcialmente por ningún tipo de procedimientos sin el permiso escrito previo, por escrito, del titular o titulares del copyright.

I.S.B.N. 978-1-291-95431-9

INTRODUCCIÓN A LA
CONTABILIDAD

CONCEPTO DE CONTABILIDAD

OBJETIVOS DEL TEMA

- Tener un concepto claro de qué es la contabilidad.
- Saber para qué sirve la contabilidad.
- Conocer los destinatarios de la información contable.
- Conocer los objetivos marcados por la contabilidad.

Todas las personas, con mayor o menor rigor, llevan a cabo la realización de una contabilidad personal, de una manera más o menos informal.

La diferencia entre la contabilidad personal y la financiera no es otra que el rigor y normativa que deben seguir los estados contables de la contabilidad financiera más allá de la anarquía contable que rige la contabilidad personal.

DEFINICION DE CONTABILIDAD (Pascual,2010):

"Es aquella <u>técnica</u> empresarial que permite llegar a conocer la situación de la empresa en un momento concreto, así como su evolución a lo largo de un período"

DEFINICION DE CONTABILIDAD

- Ciencia.

- Realidad económica y social.
- Captando y elaborando información.
- Usuarios externos e internos.
- Toma de decisiones.

OBJETIVOS Y FINES CONTABILIDAD

- Medir recursos poseídos (dinero, maquinas,...)

- Reflejar obligaciones frente a terceros. (deudas con proveedores, bancarias,…)
- Medir el cambio en los recursos (beneficios por ventas, pérdidas,…)
- Asignar los cambios temporales (diario, ejercicios económicos,…)
- Expresar en moneda común.

LA ACTIVIDAD ECONÓMICA

- Actos de producción o generación de bienes o servicios.

- Intercambio.

- Consumo y satisfacción de necesidades.

USUARIOS DE LA CONTABILIDAD

DIRECTI

PÚBLICO

PROPIETA

PROVEEDORES

ACCIONISTAS

MANDOS INTERMEDIOS

CLIENTES

OTROS
EMPLEADOS

...

USUARIOS DE LA INFORMACION CONTABLE

- **USUARIOS VINCULADOS**
  - PROPIETARIOS
  - DIRECTIVOS
  - EMPLEADOS
- **USUARIOS EXTERNOS RELACIONADOS**
  - CLIENTES
  - PROVEEDORES
  - BANCOS
  - INVERSORES
- **USUARIOS EXTERNOS CON POSIBLE RELACION**

- » ANALISTAS FINANCIEROS
- » OTROS EMPRESARIOS
- » CONSUMIDORES
- USUARIOS INSITUCIONALES
  - » SINDICATOS
  - » ORGANIZACIONES EMPRESARIALES
  - » MINIESTRIOS
  - » OFICINAS DE ESTADISTICA
  - » SEGURIDAD SOCIAL

DIVISION DE LA CONTABILIDAD

- SEGÚN EL TIPO DE UNIDAD:
  - » MACROCONTABILIDAD
  - » MICROCONTABILIDAD
- SEGÚN EXTENSION DE ESTUDIOS CONTABLES:
  - » GENERAL
  - » APLICADA

- SEGÚN USUARIOS:
    - » ANALITICA
    - » FINANCIERA

PREGUNTAS DEL TEMA

- ¿Es la contabilidad una ciencia?
- ¿Qué es la contabilidad?
- ¿A quienes está destinada la contabildiad?
- ¿Trata los aspectos económicos de la empresa desde un punto de vista estático o desde un punto de vista dinámico?
- ¿Cuáles son los objetivos de la contabilidad?

EL PLAN GENERAL CONTABLE. ASPECTOS GENERALES DEL MARCO CONCEPTUAL

OBJETIVOS DEL TEMA

- Conocer las características del PGC
- Conocer los objetivos del PGC
- Conocer las partes del PGC
- Conocer los requisitos para PGCPYMES y micropymes.
- Conocer en profundidad el marco conceptual del PGC.

- Conocer los principios contables.
- Conocer las normas de valoración de manera genérica.

LOS PLANES GENERALES DE CONTABILIDAD

- En 1973 nace el primer Plan Contable en España.

- 1990, aparece el segundo PGC.

- En 2007 nace el tercer PGC y actual.

PLAN GENERAL DE 1973

- Plan de control.
- Plan de uniformidad.
- Plan con visión fiscal.
- Empezó siendo voluntario y acabo siendo obligatorio.
- Aparecen por primera vez los "principios contables".

PLAN GENERAL DE 1990

- Aplicación obligatoria.
- Visión económica y mercantil.
- Suministro de información y objetivo de conseguir "la imagen fiel".
- Aumenta los principios contables.
- La auditoria obligatoria, la consolidación, el deposito de las cuentas y cierta homologación con Europa.

MARCO NORMATIVO ACTUAL

El PGC:

- Aprobado en el R.D. 1514/2007.
- R.D. 1515/2007 se aprueba el PGC PYMES

- Completado con las resoluciones del ICAC.

PLAN GENERAL DE 2007

- Aplicación obligatoria.

- Visión financiera.

- Redefiniendo los principios contables

- Adaptación de las NIC-NIIF.

PLAN GENERAL DE CONTABILIDAD DE 2007

- Armonización: con los reglamentos comunitarios que contienen normas internacionales contables y de interpretación financiera adoptadas, en todos aquellos aspectos que resulten necesarios para hacer compatibles ambas normativas contables.

- Autonomía: en tanto norma jurídica aprobada en España con un ámbito de aplicación claramente delimitado, como es la formulación de las cuentas individuales de todas las empresas españolas.

- Apertura: el Plan es abierto, es decir, admite las modificaciones que resulten precisas por razón de la evolución del derecho, de las innovaciones tecnológicas, de la necesidad de información económico- financieras más precisas, etc.

- Flexibilidad: el Plan no constituye un reglamento rígido de aplicación estricta. En este sentido, poseen carácter meramente indicativo las partes del cuadro de cuentas y las definiciones y relaciones contables.

PGC PYMES Y MICROEMPRESAS

- Para los ejercicios que se inicien a partir de 2008, se aprueba un Plan General de Contabilidad aplicable por las Pequeñas y Medianas Empresas y microempresas:

- El PGC PYMES :

  - Que el total de las partidas de activo no supere los 2.850.000 euros.
  - Que el importe neto de su cifra anual de negocios no supere los 5.700.000 euros.
  - Que el número medio de trabajadores empleados durante el ejercicio no sea superior a 50.

- La empresa que, cumpliendo estos requisitos, opte por la aplicación del PGC PYMES, deberá aplicarlo de forma completa y continuada, como mínimo, durante tres ejercicios, a no se que, con anterioridad al transcurso de dicho plazo, la empresa pierda la facultad de aplicarlo.

- Podrán aplicar los criterios de contabilidad específicos a microempresas todas aquellas empresas que habiendo optado por aplicar el PGC PYMES, durante dos ejercicios consecutivos reúnan, a la fecha de cierre de cada uno de ellos, al menos dos de las siguientes circunstancias:

  - Que el total de las partidas de activo no supere el 1.000.000 de euros.
  - Que el importe neto de su cifra anual de negocios no supere los 2.000.000 de euros.
  - Que el número medio de trabajadores empleados durante el ejercicio no sea superior a diez.

ESTRUCTURA DEL PGC 2007

- Primera parte: Marco conceptual
- Segunda parte: Normas de registro y valoración.
- Tercera parte: Cuentas anuales
- Cuarta parte: Cuadro de cuentas
- Quinta parte: Definiciones y relaciones contables.

ESTRUCTURA DEL PGC 2007

- Primera parte: Marco conceptual
- Segunda parte: Normas de registro y valoración.
- Tercera parte: Cuentas anuales
- Cuarta parte: Cuadro de cuentas
- Quinta parte: Definiciones y relaciones contables.

MARCO CONCEPTUAL

En esta parte se recogen los principios y conceptos contables básicas para elaborar las cuentas anuales, con la finalidad de establecer los criterio que permitan fundamentar la normativa contable.

Es importante entender bien el marco conceptual para entender la filosofía que tiene el plan general contable.

ACTIVIDAD: RESUMEN DEL MARCO CONCEPTUAL.

PRINCIPIOS CONTABLES

PRINCIPIOS CONTABLES

- Entre los principios contables podemos encontrar:

  - Empresa en funcionamiento
  - Devengo
  - Uniformidad
  - Prudencia
  - No compensación
  - Importancia relativa

- En caso de conflicto entre varios principios contables debe prevalecer el que mejor conduzca a que las cuentas anuales reflejen la imagen fiel.

PRINCIPIO EMPRESA EN FUNCIONAMIENTO

- Se considerará que la empresa continuará en un futuro previsible, por lo que la aplicación de los principios contables así como los criterios contables no tienen el propósito de determinar el valor del patrimonio neto afectos de su transmisión ni de su liquidación.

PRINCIPIPO DE DEVENGO

- Los efectos de las transacciones o hechos económicos se registrarán cuando ocurran, imputándose al ejercicio al que las cuentas anuales se refieran, los gastos y los ingresos que afecten al mismo, con independencia de la fecha de su pago o de su cobro.

INGRESO ≠ COBRO GASTO ≠ PAGO

PRINCIPIO DE UNIFORMIDAD

- Adoptado un criterio dentro de las alternativas que se permitan, deberán mantenerse en el tiempo y aplicarse de una manera uniforme para transacciones y hechos similares, en tanto no se alteren los supuestos que motivaron su elección.

PRINCIPIO DE PRUDENCIA

- Se deberá ser prudente en las estimaciones y valoraciones a realizar en condiciones de incertidumbre. La prudencia no justifica que la valoración de los elementos patrimoniales no responda a la imagen fiel que deben reflejar las cuentas anuales.

- El **Código de Comercio** recoge que únicamente se contabilizarán los beneficios obtenidos al cierre del ejercicio, mientras que los riesgos previsibles y las pérdidas eventuales deberán se registrados tan pronto como sean conocidos.

NO COMPENSACIÓN

- No se pueden compensar las partidas de activo con las de pasivo del balance, ni los gastos con los ingresos de la cuenta de pérdidas y ganancias.

IMPORTANCIA RELATIVA

- Es admisible la no aplicación de un principio o criterio contable cuando la importancia relativa en términos cuantitativos o cualitativos sea escasamente significativa y no altere la imagen fiel.

CRITERIOS DE VALORACIÓN

CRITERIOS DE VALORACIÓN

A todos los elementos de las cuentas anuales se les asignará un valor monetario, teniendo en cuenta las normas de valoración incluidas en la segunda parte del Plan General de Contabilidad.

- Los criterios de valoración a los que hace referencia el PGC son:

  - Coste histórico
  - Valor razonable
  - Valor neto realizable de una activo
  - Valor actual
  - Valor en uso
  - Coste de venta
  - Coste amortizado
  - Coste de transacción atribuibles a un activo o pasivo financiero
  - Valor contable
  - Valor residual

COSTE HISTORICO

- El coste histórico de una activo es su precio de adquisición o coste de producción.

Ejemplo: si se compra un ordenador por 800 €, el coste histórico de dicho ordenador son 800 €.

- El coste histórico de un pasivo es el valor que corresponda a la contrapartida recibida.

Ejemplo: si un banco presta a la empresa 10.000 €, el coste histórico de ese pasivo son 10.000 €.

VALOR RAZONABLE

- Es el importe por el que se puede intercambiar un activo o puede ser liquidado un pasivo, entre partes interesadas y debidamente informadas en condiciones de independencia, sin deducir los costes de transacción.

- Se calculará:

  - Precio cotizado en el mercado activo
  - Aplicando modelos basados en transacciones recientes, referencias con otros activos o métodos de los flujos

VALOR NETO REALIZABLE

- Importe que se puede obtener por su enajenación en el mercado, menos los costes de venta.

Ejemplo: tenemos un local valorado en 40.000 euros, pero sabemos que los costes de la venta ascienden a 2.000 euros. El valor neto realizable del mismo será de 38.000 euros.

VALOR ACTUAL

- Importe de los flujos de efectivo a recibir o pagar en el curso normal del negocio, actualizados a un tipo de descuentos adecuados.

Ejemplo: si tenemos que cobrar una partida de un cliente de 100 euros dentro de 12 meses y su tipo de interés de actualización es del 10%, entonces su valor actual será de 90,9 €.

VALOR EN USO

- El valor en uso de un activo o de una actividad generadora de efectivo en el valor actual de los flujos de efectivo futuros esperados, a través de su utilización en el curso normal del negocio, y actualizados a un tipo de interés de mercado sin riesgo.

COSTE DE VENTA

- Costes incrementadles directamente atribuibles a la venta de un activo en los que la empresa no habría incurrido de no haber tomado la decisión de vender, excluidos los gastos financieros y los impuestos sobre beneficios.

COSTE AMORTIZADO

- El coste amortizado de un instrumento financiero es el importe al que inicialmente fue valorado un activo financiero o un pasivo financiero, menos los reembolso del principal que se hubieran producido, más o menos, la parte imputada a resultados, y los deterioros.

COSTES DE TRANSACCIÓN

- Los costes transaccionales atribuibles a un activo o pasivo financiero son los costes incrementales directamente atribuibles a la compra, emisión, enajenación u otra forma de disposición de un activo financiero, o a la emisión o asunción de un pasivo financiero.

VALOR CONTABLE

- Es el importe neto por el que un activo o un pasivo se encuentra registrado en el balance, deducidas en cualquier caso la amortización acumulada así como el deterioro de los mismos.

VALOR RESIDUAL

- Es el importe que la empresa estima que podría tener en el momento actual por la venta del activo u otra forma de disposición, una vez deducidos los costes de venta, tomando en consideración que el activo hubiese alcanzado la antigüedad y demás condiciones que se espera que tenga al final de su vida útil.

VIDA UTIL

- La vida útil es el periodo durante el cual la empresa espera utilizar el activo amortizable o el número de unidades de productos que espera obtener del mismo. En particular, en el caso de activos sometidos a reversión, su vida útil es el periodo concesional cuando éste sea inferior a la vida económica del activo.

VIDAECONOMICA

- La vida económica es el periodo durante el cual se espera que el activo sea utilizable por parte de uno o más usuarios o el numero de unidades de producción que se espera obtener del activo por uno o más usuarios.

ESTRUCTURA DEL PGC 2007

- Primera parte: Marco conceptual

- Segunda parte: Normas de registro y valoración.
- Tercera parte: Cuentas anuales
- Cuarta parte: Cuadro de cuentas
- Quinta parte: Definiciones y relaciones contables.

NORMAS DE REGISTRO Y VALORACIÓN

- Parte más importante del plan.

- Normas obligatorias para valoración de patrimonio.

- Normas del PGC y complementadas con las resoluciones del ICAC.

ESTRUCTURA DEL PGC 2007

- Primera parte: Marco conceptual
- Segunda parte: Normas de registro y valoración.
- Tercera parte: Cuentas anuales
- Cuarta parte: Cuadro de cuentas
- Quinta parte: Definiciones y relaciones contables.

CUENTAS ANUALES

Recoge las normas de elaboración de las cuentas anuales, así como los modelos de los documentos que las integran.

Permiten un contenido normal y otro abreviado. Partes:

- Balance
- Cuentas de pérdidas y ganancias
- Memoria
- Estado de cambios de patrimonio neto
- Estados de flujo de efectivo

BALANCE

Se divide en activo, pasivo y patrimonio neto.
El activo y el pasivo pueden ser corrientes y no corrientes.

El activo puede ser a su vez material e intangible.

El epígrafe patrimonio neto incluye los fondos propios, los ajustes por cambios de valor y las subvenciones.

BALANCE

El balance de situación refleja el estado de la empresa en un momento determinado.

Esta situación de la empresa en un momento concreto es lo que se conoce como el patrimonio de la empresa.

El patrimonio de la empresa es el conjunto de bienes, derechos y obligaciones de que dispone la empresa en un momento determinado para cumplir sus fines.

BALANCE

ACTIVO NO CORRIENTE

PATRIMONIO NETO

ACTIVO CORRIENTE

PASIVO NO CORRIENTE

PASIVO CORRIENTE

LA SUMA DEL ACTIVO TOTAL DEBE SER IGUAL A LA SUMA DEL PATRIMONIO NETO Y EL PASIVO

ECUACION FUNDAMENTAL DEL PATRIMONIO

ACTIVO = PASIVO + NETO

PATRIMONIO NETO

                          PASIVO

PATRIMONIO NETO

                          PASIVO

            ACTIVO

BALANCE

ACTIVO NO CORRIENTE   PATRIMONIO NETO

                IEN
IEN
TE
TE
IVO
IVO

                                    TE

TE

EJEMPLO BALANCE REAL

CUENTA DE PÉRDIDAS Y GANANCIAS

Recoge el resultado del ejercicio.

Se realiza al cierre del ejercicio económico.

Como norma general, serán ingresos menos gastos.

MEMORIA

Documento redactado.

Completa, amplía y comenta la información contenida en el balance y en la cuenta de pérdidas y ganancias.

Ejemplo: en algún lugar hay que explicar los pormenores de un crédito contratado con la empresa (tipo de interés, vencimiento,...)

ESTADOS DE CAMBIOS EN EL PATRIMONIO NETO

Aparece en el PGC de 2007.

Indica las variaciones en el patrimonio neto. Constituido por dos documentos:

- Ingresos y gastos reconocidos correspondientes al ejercicio.
- Resultado total de los cambios en el patrimonio neto.

CUADRO DE CAMBIOS DEL PN

ESTADOS DE FLUJO DE EFECTIVO

- Aparece en el PGC de 2007

- Recoge todos los movimientos de la tesorería

- Se divide en tres partes:

  - Flujos de las actividades de explotación
  - Flujos de las actividades de inversión
  - Flujos de las actividades de financiación

CUADRO DE FLUJOS DE EFECTIVO

ESTRUCTURA DEL PGC 2007

- Primera parte: Marco conceptual
- Segunda parte: Normas de registro y valoración.
- Tercera parte: Cuentas anuales
- Cuarta parte: Cuadro de cuentas
- Quinta parte: Definiciones y relaciones contables.

CUADRO DE CUENTAS

- Parte codificada del PGC en el cual se incluyen las cuentas debidamente agrupada.

  - Grupo 1 Financiación básica

  - Grupo 2 Inmovilizado

  - Grupo 3 Existencias

  - Grupo 4 Acreedores y deudores por operaciones comerciales

  - Grupo 5 Cuentas financieras

  - Grupo 6 Compras y gastos

  - Grupo 7 Ventas e ingresos

CUADRO DE CUENTAS

CUENTAS

Podemos definir las cuentas como el instrumento de representación y medida, a lo largo del tiempo, de un determinado elemento patrimonial o de un grupo homogéneo de elementos patrimoniales que comparten determinadas características comunes.

Ejemplo: un coche y una moto que se usan para el transporte tendrán la misma denominación, es decir, se integrarán dentro de la misma cuenta.

Cuentas.- Representación

La representación esquemática clásica de una cuenta es la de una T, dividida en dos partes, la de la izquierda denominada "DEBE" y la de la derecha, denominada "HABER"

NOMBRE

DEBE   HABER

CUENTAS.- TERMINOLOGIA

En relación a las cuentas se utilizan los siguientes términos:

- Cargar o adeudar: registrar un valor en el debe de la cuenta.

- Abonar: registrar un valor en el haber de la cuenta.

- Saldo: es la diferencia entre la suma de los valores registrados en el debe y los registrados en el haber de una cuenta. Una cuenta tiene:

        saldo deudor: D>H
        saldo acreedor: H<D
        saldo cero: D=H

-Saldar: es efectuar una anotación por el importe del saldo en el debe de la cuenta si su saldo es acreedor o en el haber si es deudor, de tal forma que resulte saldo cero.

- Cerrar: saldar una cuenta y no volver a registrar ninguna otra operación en la misma durante un determinado periodo.

Cuentas. Tipo de cuentas

- CUENTAS DE ACTIVO
- CUENTAS DE PASIVO
- CUENTAS DE PATRIMONIO NETO

- CUENTAS DE INGRESOS
- CUENTAS DE GASTOS

CUENTAS DE ACTIVO

Engloba los bienes y derechos que dispone la empresa para la consecución de sus fines. Se denomina estructura económica de la empresa.

Ejemplo: maquinaria, terrenos, clientes,...

CUENTAS DE PASIVO

Las cuentas de pasivo recogen los elementos patrimoniales que son deudas y obligaciones pendientes de pago.

Es la parte del patrimonio que puede ser exigida por terceros.

Forma parte también de la estructura financiera de la empresa, ayudando a financiera la estructura económica de la misma.

Ejemplo: proveedores, acreedores, deudas con entidades de crédito,…

CUENTAS DE PATRIMONIO NETO

Es conocido también como fondos propios de la empresa y no pueden ser exigidos por terceros.

Viene formado por las aportaciones iniciales y posteriores de los socios, beneficios no distribuidos, reservas…

Forma parte también de la estructura financiera de la empresa, ayudando a financiera la estructura económica de la misma.

CUENTAS DE GASTOS

La empresa, en la realización de su actividad adquiere una serie de bienes o servicios o va a realizar una serie de consumos.

Los gastos se imputarán a la cuenta de pérdidas y ganancias y formarán parte del resultado del ejercicio.

También podemos considerar un gasto la pérdida de valor de algún activo, provocando una disminución en el patrimonio neto de la empresa.

Las operaciones anteriores se presentarán contablemente mediante la utilización de las cuentas de gastos (Grupos 6 y 7). Un gasto provoca la minoración de activo o el incremento de pasivo como norma general.

CUENTAS DE INGRESOS

Los ingresos son aquellos hechos contables que provocan incrementos en el patrimonio neto de la empresa.

Los ingresos se imputarán a la cuenta de pérdidas y ganancias y formarán parte del resultado del ejercicio.

Las operaciones anteriores se presentarán contablemente mediante la utilización de las cuentas de gastos (Grupos 6 y 7).

Un ingreso provoca la minoración de pasivo o la disminución de pasivo como norma general.

FUNCIONAMIENTO DE LAS CUENTAS

DISMINUCIONES

ACTIVO

DEBE

DEBE

HABER

PASIVO

HABER

HABER

DEBE

NETO

HABER

HABER

DEBE

INGRESOS

--

HABER

GASTOS

--

DEBE

GRUPO 1.-FINANCIACIÓN BASICA

- Este grupo recoge los recursos propios o neto y la financiación ajena a lago plazo de la empresa (pasivos no corrientes).

- Por lo tanto encontramos en este grupo las cuentas de:

- Cuentas de neto
- Pasivo no exigible
- Pasivo exigible a largo plazo

GRUPO 2.- INMOVILIZADO

- Comprende los bienes y derechos de la empresa destinados a servir de forma duradera en la actividad de la empresa.

- Podemos decir que en el grupo 2 están localizadas cuentas de activo a largo plazo.

GRUPO 3.- EXISTENCIAS

- Agrupa la serie de bienes que constituyen el objeto de la actividad típica de la empresa. La empresa se dedica a la venta de los mismos, ya sea necesaria su transformación o no.

- En este grupo se encuentran parte de los activos corrientes.

GRUPO 4.- ACREEDORES Y DEUDORES POR OPERACIONES DE TRAFICO

- Recoge tanto los derechos de cobro como las obligaciones de pago que tienen origen en la actividad principal de la empresa.

- Dentro de este grupo tenemos cuentas de pasivo a corto plazo y activos a corto plazo y a largo plazo.

GRUPO 5.- CUENTAS FINANCIERAS

- Contiene las deudas y créditos por operaciones ajenas al tráfico corriente de la empresa que tienen un vencimiento inferior al año. Destacan las cuentas financieras y los medios líquidos disponibles.

- En el grupo 5 existen cuentas de activo y de pasivo, pero siempre a corto plazo.

CUENTAS DE BALANCE

- Todas las cuentas de los cinco grupos anteriores se denominan cuentas de balance y que recogen el patrimonio de la empresa.

- Las cuentas de balance serán las únicas que podrán aparecer en los balances iniciales y finales. Las cuentas de gastos y de ingresos irán saldadas con la cuenta de pérdidas y ganancias, por lo que **NUNCA** pueden aparecer en un balance de situación final o inicial.

GRUPO 6.- COMPRAS Y GASTOS

- Este grupo comprende todas las adquisiciones de bienes y servicios que realiza la empresa para incorporarlos a su proceso productivo.

- Todas las cuentas que aparecen en este grupo son cuentas de gastos, exceptuando las relacionadas con los descuentos, que son cuentas de ingresos.

- GRUPO 6.- **COMPRAS** y gastos.

GRUPO 7.- VENTAS E INGRESOS

- El grupo 7 recoge las cuentas que tienen relación con la enajenación de bienes o prestación de servicios que la empresa realiza a otras empresas y que son el objeto de su actividad principal.

- Este grupo recoge todas las cuentas de ingresos del PGC, exceptuando aquellas reflejadas en el grupo 6 relacionadas con los descuentos. Además, dentro del grupo 7 existen cuentas de gastos, ya que están relacionadas con descuentos en las ventas y que suponen para la empresa un rendimiento menor.

- GRUPO 7.- **VENTAS** e ingresos.

CUENTAS DE PÉRDIDAS Y GANANCIAS

- Las cuentas del grupo 6 y del grupo 7 son cuentas que no aparecen en el balance, sino que se saldan al final del ejercicio económico a la cuenta de pérdidas y ganancias.

Resultado del ejercicio (129)

a

Cuentas de gastos

Cuentas de ingresos

a

Resultado del ejercicio (129)

ESTRUCTURA DEL PGC 2007

- Primera parte: Marco conceptual
- Segunda parte: Normas de registro y valoración.
- Tercera parte: Cuentas anuales
- Cuarta parte: Cuadro de cuentas
- Quinta parte: Definiciones y relaciones contables.

DEFINICIONES Y RELACIONES CONTABLES

Principal ayuda a aquellas personas que se inician en la contabilidad.

Se da una definición de cada una de las cuentas. Recoge la mecánica contable de cada una de las cuentas, los motivos más frecuentes de cargo y

abono de cada cuenta, así como su

contrapartida.

LOS CAMBIOS EN EL BALANCE: LOS HECHOS CONTABLES Y EL PROCESO CONTABLE

HECHOS CONTABLES

Los hechos contables son los fenómenos patrimoniales que son susceptibles de ser captados, medidos, registrados y valorados por la contabilidad. Se representan a través de los asientos.

Tipos:

- Permutativos o modificativos.

- Aumentativos, reductivos, simples, compuestos o combinados.

LAS CUENTAS

Las cuentas son un instrumento conceptual de representación y medida, a lo largo del tiempo, de un elemento patrimonial o un grupo homogéneo que tienes distintas características comunes.

Las cuentas clasifican y controlan el patrimonio.

SALDAR UNA CUENTA

- El saldo de una cuenta es el valor que presenta el elemento por ella representado. El saldo de una cuenta es la diferencia entre las anotaciones efectuadas en el debe y las realizadas en el haber.

- Saldos:
  - Saldo deudor: si la suma de las anotaciones en el debe son mayores que las anotaciones en el haber.
  - Saldo acreedor: si la suma de las anotaciones en el haber son mayores que las anotaciones en el debe.

- Para saldar una cuenta se anotará en el debe o en el haber la cantidad necesaria hasta igualar la cantidad que sumaban todas las partidas de las anotaciones contrarias.

TIPOS DE CUENTA

- Cuentas de activo
- Cuentas de pasivo
- Cuentas de patrimonio neto
- Cuentas de gastos
- Cuentas de ingresos

CUENTAS DE ACTIVO

- Representa el autentico capital económico de la empresa y esta formado por los bienes, derechos y otros recursos controlados económicamente por ésta resultantes de sucesos pasados, de los que espera obtener beneficios o rendimientos económicos en el futuro.
- Ejemplo: edificios, dinero, existencias.

FUNCIONAMIENTO DE CUENTA DE ACTIVO

- Cuando realizamos la anotación inicial de un activo o un incremento del mismo, dicha cuenta se cargará.

- Cuando realizamos la anotación de una disminución de un activo, dicha cuenta se abonará.

CUENTAS DE PASIVO

- Reúne las fuentes de financiación ajena de la empresa, reuniendo sus deudas y obligaciones pendientes de pago. Es decir, agrupa las obligaciones actuales de la empresa, surgidas como consecuencia de sucesos pasados.
- La procedencia de estos recursos puede ser diversa.

Así, pueden tener su origen en un préstamo recibido

o en la deuda que se derive de la adquisición de un bien o servicio.

- En todo caso habrá que devolver estos recursos a personas ajenas a la empresa.

FUNCIONAMIENTO DE CUENTA DE PASIVO

- Cuando realizamos la anotación inicial de un pasivo o un incremento del mismo, dicha cuenta se abonará.

- Cuando realizamos la anotación de una disminución de un pasivo, dicha cuenta se cargará.

CUENTAS DE PATRIMONIO NETO

- Representa las fuentes de financiación propia de la empresa, sus recursos financieros propios. Constituyen la parte residual de los activos de la empresa, una vez deducidos sus pasivos.

- Está formada por las aportaciones iniciales de los socios y propietarios de la empresa en la constitución de la misma o posteriormente y que no tengan que ver con las deudas de las empresas.

FUNCIONAMIENTO DE CUENTA DE PASIVO

- Cuando realizamos la anotación inicial de una cuenta de neto o un incremento del mismo, dicha cuenta se abonará.

- Cuando realizamos la anotación de una disminución de una cuenta de neto, dicha cuenta se cargará.

CUENTAS DE INGRESOS

- Son incrementos en el patrimonio neto de la empresa durante el ejercicio, ya sea por el incremento en el valor de los activos, o por la disminución de pasivos, siempre que no tengan su origen en las aportaciones de los socios.

- Las cuentas de ingresos se abonan.

CUENTAS DE GASTOS

- Son disminuciones en el patrimonio neto de la empresa durante el ejercicio, ya sea por la disminución en el valor de los activos, o por la incrementos de pasivos, siempre que no tengan su origen en la distribución de beneficios a los socios.

- Las cuentas de gastos siempre se cargan.

LIBROS CONTABLES

¿Cómo se representan los hechos contables?

La representación de los hechos contables se realizará con los asientos, dichos asientos permitirán la elaboración del resto de libros e información contable necesarios.

LIBRO DIARIO

- Libro diario: recoge de manera cronológica el registro de los hechos contables en forma de asientos.
- TIPOS ASIENTOS:
  - APERTURA
  - OPERATIVOS
  - DE AJUSTE
  - REGULARIZACION
  - CIERRE
- Libro mayor: va a recoger las distintas cuentas, y los movimientos que se hayan realizado en ellas.

LIBRO MAYOR

El mayor, será la representación de los movimientos de cada una de las cuentas. Para ello, se representa gráficamente en forma de T los movimientos que en la misma se han producido.

DEBE   NOMBRE CTA   HABER

CARGO   ABONO

EJEMPLO MAYOR

En este ejemplo representamos varios movimientos que se han podido producir en una cuenta.

DEBE BANCOS   HABER

300   150

RECOMENDACIONES MAYOR

- Es recomendable separar en el mayor las cuentas en función de la masa patrimonial a la que pertenecen, igualmente de las de ingresos y gastos. Esta separación ayudará a la hora de realizar balances y el cálculo del resultado del ejercicio al final del ciclo contable.

EL ASIENTO

        doble, el cual establece que
al
menos debe
haber <u>una cuenta cargada</u>
<u>abonada.</u>
y
<u>una cuenta</u>

doble, el cual establece que
al
menos debe
haber <u>una cuenta cargada</u>
<u>abonada.</u>
y
<u>una cuenta</u>

Toda operación va a tener un origen de financiación y una aplicación de dichos recursos, o dos elementos patrimoniales de la empresa.

El importe cargado debe ser siempre igual al importe abonado.

Importe cuenta cargada

EJEMPLO ASIENTO

Cuentas abonadas

100 Cuenta cargada (n°cuenta)

        a   Cuenta abonada (n°cuenta) 75
        a   Cuenta abonada (n°cuenta) 25

Cuenta cargada

Importes cuentas abonadas

EJEMPLO

Si la empresa adquiere un automóvil por un importe de 30.000 euros y ese dinero lo paga desde la cuenta bancaria de la empresa, el asiento será:

30.000 Elemento de transporte (218)

a   Bancos (572) 30.000

RAZONAMIENTO CONTABLE BÁSICO

- ¿Qué elementos patrimoniales intervienen?
- ¿A qué tipo de masa patrimonial pertenecen?
- ¿Aumentan o disminuyen?
- ¿Se cargan o se abonan?
- Cantidad con la que deben figurar.

INVENTARIO

- El libro de Inventarios se abrirá con el balance inicial detallado de la empresa.
- Permite llevar un control sobre los activos de la empresa.
- Distintos métodos de valoración.

EL CICLO CONTABLE

CICLO CONTABLE

- El ciclo contable se compone de las acciones que hay que realizar desde la apertura de la contabilidad, generalmente con fecha a 1 de enero, hasta el cierre de la misma, generalmente con fecha de 31 de diciembre.

Balance de situación inicial (1-enero)

Modificación
Balance

inicial (todo el año)

Resultado del ejercicio (31-diciembre)

Balance de situación final (31- diciembre)

FASES DEL CICLO CONTABLE

- Balance de situación inicial.
- Asiento de apertura (diario y mayor)
- Registro de operaciones del ejercicio (diario y mayor).
- Operaciones previas al resultado.
- Regularización.
- Asiento de cierre.
- Balance de situación final.

BALANCE DE SITUACION INICIAL

Coincide con el balance de situación final del ejercicio anterior.

Expresa el patrimonio que tiene la empresa al comienzo de un ciclo contable (1 de enero).

Elemento transporte

40.000

Capital social

150.000

Clientes

60.000

Deuda C/p

75.000

Bancos

150.000

Proveedores

25.000

TOTAL

250.000

TOTAL

250.000

ASIENTO DE APERTURA

Principio del ciclo contable.

Ni el diario ni el mayor presentan aún anotaciones.

Traspasar el balance de situación inicial al diario y al mayor.

Cuentas de activo a

Cuentas de pasivo

EJEMPLO ASIENTO DE APERTURA

BALANCE INICIAL:

Elemento transporte

40.000

Capital social

150.000

Clientes

60.000

Deuda C/p

75.000

Bancos

150.000

Proveedores

25.000

TOTAL

250.000

TOTAL

250.000

ASIENTO APERTURA:

40.000 Elem. Transporte

60.000 Clientes

150.000 Bancos a C. social   150.000

a Deuda c/p   75.000

a Proveedores 25.000

REGISTRO DE LAS OPERACIONES DEL EJERCICIO

- Reflejas las operaciones realizadas por la empresa en los asientos correspondientes.

- Anotaciones en el diario, en el mayor y en las fichas de inventario.

- Realizar cronológicamente (libro diario)

OPERACIONES PREVIAS A LA DETERMINACIÓN DEL RESULTADO

- Contabilizar la variación de existencias.

- Periodificación contable.

- Contabilización de provisiones y pérdidas por deterioro.

- Contabilizar las amortizaciones.

CÁLCULO DEL RESULTADO

Las cuentas de gasto tendrán saldo deudor y se anotarán en el haber por el importe de su saldo. Con este asiento todas las cuentas de gastos pasarán a tener saldo nulo y desaparecerán., como contrapartida, en el debe de anotará la cuenta de Resultado del Ejercicio por un importe igual a la suma de los gastos.

Las cuentas de ingresos tendrán saldo acreedor y se anotarán en el debe por el importe de su saldo. Con este asiento todas las cuentas de ingresos pasarán a tener saldo nulo y desaparecerán., como contrapartida, en el haber se anotará la cuenta de Resultado del Ejercicio por un importe igual a la suma de los gastos.

Realizados ambos asientos estaremos en disposición de conoce el resultado del ejercicio, pues será el salgo de la cuenta Resultado del Ejercicio.

CÁLCULO DEL RESULTADO

- El resultado será la diferencia entre ingresos y gastos del ejercicio.
- Por un lado todas las cuentas de gastos se cargarán

    Resultado del ejercicio

    a

    Cuentas de gastos

- Por otro lado todas las cuentas de ingresos en abonarán

Cuentas de ingresos
a
Resultado del ejercicio

- Con estos asientos estaremos en disposición de conocer el resultado del ejercicio

* EJEMPLO DE RESULTADO

185.000 Resultado del ejercicio

a C. mercaderías

150.000

a Arrend. y cánones

35.000

a Suministros

10.000

25.000 Ingresos por arrendamiento

250.000 V. mercaderías   a Rtdo. del ejercicio   275.000

Resultado del ejercicio: será el saldo de la cuenta Resultado del ejercicio: 90.000 euros de beneficio.

IMPUESTO SOBRE BENEFICIOS

- Si la empresa, tras el cálculo del resultado, ha obtenido beneficios, habrá que contabilizar el impuesto sobre beneficios.

Impuesto sobre beneficio (

HP. Acreedora por impuesto sobre sociedades (4752)

- Las cantidades serán las resultantes de aplicar el tipo impositivo, generalmente el 30%, al beneficio que se haya obtenido en la contabilidad. En caso de pérdidas no habrá que devengar el impuesto.

ASIENTO DE CIERRE

- Ya no tendrán saldo las cuentas de gastos ni las cuentas de ingresos.

- Se realiza un asiento en el que se cargan todas las cuentas con saldo acreedor y se abonen las cuentas con saldo deudor

Cuentas de saldo acreedor

Cuentas con saldo deudor

EJEMPLO DE ASIENTO DE CIERRE

150.000 Capital social

90.000
Rtdo ejercicio

75.000
Deuda c/p

25.000
Proveedores

a Elem. Transporte
40.000

a Clientes

90.000

a Bancos
210.000

BALANCE DE SITUACIÓN FINAL

- Refleja la composición del patrimonio al final del ejercicio económico.

- Coincide con el balance de situación inicial del ejercicio siguiente.

EJEMPLO BALANCE SITUACIÓN FINAL

Partiendo del asiento de cierre anterior tendríamos:

Elemento transporte

40.000

Capital social

150.000

Clientes

90.000

Rtdo. Ejercicio

90.000

Bancos

210.000

Deuda C/p

75.000

Proveedores

25.000

TOTAL

340.000

TOTAL

340.000

OPERACIONES CON EXISTENCIAS

DEFINICIÓN DE EXISTENCIAS

Las existencias se pueden definir como los bienes que posee la empresa para su venta en el curso ordinario de la explotación, o para tu transformación o incorporación al proceso productivo.

Forman parte del activo corriente, por lo que son renovados constantemente.

MERCADERIAS

Es importante considerar que las compras o ventas de mercaderías que efectúe la empresa no se contabilizaran normalmente en la cuenta de Mercaderías del grupo 3., sino en las correspondiente cuentas de compras de mercaderías y venta de mercaderes del grupo 6 y grupo 7.

La cuenta Mercaderías (300) se anotarán al comienzo del ejercicio la existencias de mercaderías que tiene la empresa en ese momento, considerando el valor de las que aparecen en el balance inicial. Al final del ejercicio la cuenta se dará de baja por las existencias iniciales y se cargará por las existencias finales.

COMPRAS Y GASTOS

CONCEPTO DE GASTOS

La empresa, para realizar su actividad va a necesitar adquirir una serie de bienes o servicios, que van a provocar que durante el ejercicio económico se produzcan una disminución de su patrimonio neto.

También puede suceder que en un ejercicio económico algún activo sufra una perdida de valor que suponga un decremento en el patrimonio.

Las operaciones de gastos se representan mediante las cuentas de gastos con disminuciones de activo o incrementos de pasivo.

VALORACIÓN DE EXISTENCIAS

La valoración inicial de las existencias se hará por su precio de adquisición, el cual deberá tener en cuenta:

- Precio de compra: importe facturado por el vendedor después de deducir cualquier impuesto o rebaja.

- Gastos adicionales: aquellos gastos que se produzcan hasta que los bienes estén preparados para su venta.

COMPRAS MERCADERIAS

El grupo 60, de compras reconoce las cuentas representativas de los aprovisionamientos de mercaderías y demás bienes adquiridos por la empresa para revenderos.

Las compras se valorarán por el precio de adquisición, el cual estará compuesto por:

-Importe facturado por el vendedor, después de deducir cualquier descuento, rebajas o similares.

- Menos los intereses incorporados al nominal de los débitos.

- Más Impuestos indirectos no recuperables

-Todos los gastos adicionales que se produzcan hasta que los bienes se hallen en la empresa, tales como transportes, seguros, aranceles,....

DESCUENTOS

En la contabilización de las compras hay que tener en cuenta que en fechas posteriores a la recepción de la factura la empresa puede devolver las compras realizadas u obtener algún descuento a ellas asociado.

A tal fin, el plan destina dentro del grupo una serie de cuentas, que aunque figuren en el grupo 6 suponen un menor gasto para la empresa y por ello funcionan como cuentas del grupo 7 (ingresos). Estas cuentas son:

- Descuentos sobre compras por pronto pago (606)

- Devoluciones de compras y operaciones similares (608)

- Rappels sobre compras (608)

VENTAS E INGRESOS

CONCEPTO DE INGRESOS

Los gastos se imputaran a la cuenta de pérdidas y ganancias y formaran parte del resultado del ejercicio.

El reconocimiento de un ingreso tiene lugar como consecuencia de un incremento de los recursos e la empresa y siempre que su cuantía se pueda determinar con fiabilidad.

VENTAS MERCADERÍAS

El subgrupo 70 reúne cuentas de ingresos procedentes de las ventas de mercaderías, productos terminados, productos semiterminados,....

Además incluye otras cuentas de ingresos.

VALORACION DE LA VENTAS

Las ventas se valorarán por el valor razonable de la contrapartida recibida o pactada derivada de la venta de los bienes o de la prestación de servicios deducido cualquier descuento y lo intereses incorporados al crédito.

Los impuestos no formarán parte de los ingresos.

DESCUENTOS

En el grupo 7 aparecen tres cuentas en las cuales habrá que tener en cuenta que suponen un menos ingreso.

706 Descuento sobre ventas por pronto pago
708 Devoluciones de ventas y operaciones similares
709 Rappels sobre ventas

EXISTENCIAS

VALORACION

Cuando se compran existencias hemos visto como aparece una cuenta de gasto, pero, a pesar de tener un incremento en el activo, el mismo no se ve recogido contablemente.

Nuestras cuentas de existencias no se ven modificadas por el asiento que contabiliza la compra.

Del mismo modo, cuando se venden existencias, aparece una cuenta de ingreso, pero no aparece reflejada contablemente la disminución en el activo.

Para conocer el valor de las existencias que tenemos en cada momento tendremos que llevar las correspondientes fichas de inventario para cada producto.

VALORACIÓN INICIAL

Las existencias se valorarán al darlos de alta por su coste, ya sea el precio de adquisición o el coste de producción.

Los impuestos indirectos, como puede ser el IVA, que gravan las existencias no se considerarán mayor valor de las mismas, excepto que no sean recuperables directamente y supongan un gasto para la empresa.

PRECIO DE ADQUISICIÓN

El precio de adquisición incluye el importe facturado por el vendedor después de deducir cualquier descuento o rebaja en el precio y se añadirán todos los gastos adicionales que se produzcan hasta que los bienes se hallen ubicados para su venta

PRECIO DE ADQUISICIÓN

PRECIO FACTURADO POR EL VENDEDOR

- Cualquier descuento, rebaja en el precio u otras partidas similares.

+ Impuestos indirectos no recuperables de la Hacienda Pública.

+ Gastos adicionales hasta que se hallen ubicados para su venta, tales como transportes, aranceles de aduanas, seguros y otros directamente atribuibles a la adquisición.

COSTE DE PRODUCCIÓN

El coste de producción se determinará añadiendo al precio de adquisición de las materias primas y otras materias consumibles, los costes directamente imputables al producto y la parte razonable que corresponda de los costes indirectamente imputables a los productos que se trate.

VALORACIÓN

Hemos visto anteriormente la manera de valorar la entrada de las existencias en nuestra empresa, ahora vamos a analizar cómo valoramos las salidas de la misma.

Las salidas se valorarán por dos métodos:
- Precio Medio Ponderado
- First In First Out (FIFO)

FICHA DE INVENTARIO

PRECIO MEDIO PONDERADO

Las unidades existentes en el almacén se valoran al promedio de su coste.

Por tanto, este método valora todas las existencias a un único coste.

Para el cálculo de su coste promedio haremos
$PMP = (QP+QP)/\sum Q$

EJEMPLO

Tenemos unas existencias iniciales, 100 unidades a 10 euros cada una y se adquieren 50 unidades a 20 euros cada una. Finalmente se venden 75 unidades a 50 euros cada una.

ENTRADA

SALIDA

EXISTENCIAS

Q

P

TOTAL

Q

P

TOTAL

Q

P

TOTAL

INICIALES

10

1000

COMPRA

50

20

1000

150

13,3

2000

VENTA

75

13,33

1000

75

FIFO

En el método FIFO las existencias salen por orden de entrada. La primera mercancía en ser adquirida es la primera en ser vendida.

La valoración del precio de las unidades se hará bajo ese criterio, debiendo por tanto tener siempre separadas en la ficha de inventario las mercaderías en función de su momento de entrada.

Tenemos unas existencias iniciales, 100 unidades a 10 euros cada una y se adquieren 50 unidades a 20 euros cada una. Finalmente se venden 75 unidades a 50 euros cada una.

FIFO

ENTRADA

SALIDA

EXISTENCIAS

Q

P

TOTAL

Q

P

TOTAL

Q

P

TOTAL

INICIALES

100

10

1000

COMPRA

1000

100

10

1000

50

20

1000

SALIDA

75

10

750

25

10

20

1000

REGULARIZACIÓN DE EXISTENCIAS

- En el PGC, una vez calculadas las existencias finales por cualquiera de los procedimientos conocidos, tendremos que contabilizar de la siguiente forma:

- "Variación de existencias de…." Son cuentas destinadas a registrar la diferencia entre las existencias finales y las existencias iniciales.

- Su movimiento contable es: se cargará por el importe de las existencias iniciales con abono a las cuentas del subgrupo 30, 31 y 32. Se abonará por el importe de las existencias finales con cargo a las cuentas de dichos subgrupos.

- El saldo resultante se llevará a pérdidas y ganancias como gasto o como ingreso según sea el saldo deudor o acreedor, respectivamente.

EJEMPLO

Con la siguiente ficha de inventario:

| FIFO | ENTRADA | SALIDA | EXISTENCIAS |

P
TOTAL
Q
P
TOTAL
Q
P
TOTAL
INICIALES

100
10
1000
COMPRA
50
20
1000

100
10
1000

50

20
1000
SALIDA

75
10
750
25
10
250

50   20   1000

1000 Variación de existencias de mercaderías

1250 Mercaderías

a   Mercaderías   1000

a   Variación de existencias de mercaderías. 1250

INMOVILIZADO

DEFINICIÓN

- Son los activos que las empresas utilizan para la realización de su actividad. Dichos activos se caracterizan por tener carácter permanente en la empresa. En dichos activos recae la capacidad de producir los bienes y servicios de la empresa.

EL INMOVILIZADO MATERIAL

El inmovilizado material

El PGC clasifica el inmovilizado material en función de su destino, de la forma en que va a generar flujos de caja.

Así, tenemos tres tipo de inmovilizado material:

- Inmovilizado general
- Inversiones inmobiliarias
- Activos no corrientes mantenidos para la venta

INMOVILIZADO MATERIAL GENERAL

Cuentas afectadas Inmovilizado Material
210 Terrenos y bienes naturales

- Construcciones
- Instalaciones técnicas
- Maquinaria
- Utillaje
- Otras instalaciones

216 Mobiliario

217 Equipos para procesos de información
218 Elementos de transporte

219 Otro inmovilizado material

INMOVILIZADO MATERIAL GENERAL

Cuentas afectadas Inmovilizado Material (cuenta de resultados):

671 Pérdidas procedentes del inmovilizado material
681 Amortización del inmovilizado material

691 Pérdidas por deterioro del inmovilizado material
731 Trabajos realizados para el inmovilizado material
771 Beneficios procedentes del inmovilizado material
791 Reversión del deterioro del inmovilizado material

INMOVILIZADO MATERIAL GENERAL

Cuentas afectadas Inmovilizado Material (correcciones de valor):

281 Amortización acumulada del Inmovilizado material.

291 Deterioro del valor del inmovilizado material.

NORMAS DE REGISTRO Y VALORACION

La norma de valoración n°2 establece que los bienes comprendidos en el inmovilizado material se valoraran por el precio de adquisición o coste de producción.

El precio de adquisición incluye: además del importe facturado por el vendedor después de deducir cualquier tipo de descuento o rebaja en el precio, todos los gastos adicionales y directamente relacionados que se produzcan hasta la puesta en condiciones de funcionamiento, incluida la ubicación en el lugar y los costes de desmantelamiento. Entre otros gastos podemos tener en cuenta los de explanación y derribo, transporte, derechos arancelarios, seguros, ...

VALOR POSTERIOR

Los elementos del inmovilizado material se valorarán por su precio de adquisición o coste de producción menos la amortización acumulada, y en su caso, el importe acumulado de las correcciones valorativas por deterioro del valor reconocidas.

VENTA DE INMOVILIZADO

En la venta del inmovilizado material hay que tener en cuenta distintas partidas, como pueden ser:

- El valor con el cual aparece en el balance nuestro activo
- Amortizaciones acumuladas realizadas sobre el activo.
- Amortizaciones pendientes de realizar
- Deterioro del valor del inmovilizado
- Precio de venta

AMORTIZACIÓN

Las amortizaciones habrán de establecerse de manera sistemática y racional en función de la vida útil y de su valor residual, atendiendo a la depreciación que normalmente sufran por su funcionamiento, uso y disfrute, sin perjuicio de considerar también la obsolescencia técnica o comercial que pudiera afectarlos.

INMOVILIZADO INTANGIBLE

ACTIVOS INTANGIBLES

- 200 Investigación
- 201 Desarrollo
- 202 Concesiones administrativas
- 203 Propiedad industrial
- 204 Fondo de comercio
- 205 Derecho de traspaso
- 206 Aplicaciones informáticas

REGISTRO Y VALORACION

La norma de valoración n°5 establece que los bienes comprendidos en el inmovilizado inmaterial se valoraran por el precio de adquisición o coste de producción.

IDENTIFICABILIDAD

- Para que un inmovilizado intangible pueda ser registrado debe cumplir el criterio de identificabilidad, que se dará cuando curra alguno de los dos requisitos siguientes:

- Sea separable para poder ser vendido, cedido, entregado para su explotación, arrendado o intercambiado.

- Surja de derechos legales o contractuales, con independencia de que tales derechos sean transferibles o separables de la empresa o de otros derechos y obligaciones.

AMORTIZACIÓN

- Se presupone que el método de amortización elegido debe permitir la correlación con los rendimientos esperados del activo.

Las correcciones valorativas por deterioro deberán registrarse contablemente como gastos o ingresos (cuando recupera su valor), no pudiendo registrar revalorizaciones superiores al importe total de los deterioros reconocidos.

290 Deterioro de valor del inmovilizado intangible
690 Pérdidas por deterioro del inmovilizado intangible
670 Pérdidas procedes del inmovilizado intangible

BAJAS Y ENAJENACIONES

- Cuando no se espere obtener beneficios económicos futuros, ya sean por uso ni venta o cesión.

- Cuando se decida ponerlo en venta, pasando a ser un "activo no corriente mantenido para la venta".

AMORTIZACIÓN

DEFINICIÓN

- Se denomina amortización a la expresión contable de la depreciación que experimentan ciertos elementos del inmovilizado por su uso, paso del tiempo u obsolescencia. Es importante tener en cuenta el valor residual del bien.

- Ejemplo: no tiene el mismo Valor un coche nuevo que un coche con 100000 kilómetros.

- A través del proceso contable de la amortización, se va a transforman en gasto la inversión realizada en elementos del inmovilizado en la medida que éste ha contribuido a generar ingresos en la empresa.

CONCEPTOS

- Vida útil: período durante el cual se espera utilizar el activo, o el número de unidades fabricadas.

- Valor residual: El valor del activo, que estima la empresa, que va a tener el activo al final de su vida útil.

- Valor amortizable: valor del activo menos el valor residual

- Valor contable: valor del activo menos la amortización acumulada y menos los deterioros acumulados.

REGISTRO CONTABLE

- ¿Cuándo? Fin del ejercicio contable (31/12)
- ¿Cuánto? Función del método de amortización.
- ¿Cómo?

Amortización de inmovilizado…

a   Amortización acumulada de inmovilizado….

MÉTODOS DE AMORTIZACIÓN

- Lineal o cuotas constantes.

- Números dígitos.

- Método decreciente del porcentaje constante sobre el valor pendiente de amortizar.

- Uso (horas, unidades,...)

MÉTODO LINEAL

Este método como su propio nombre indica las cuotas de amortizaciones son constantes. A cada ejercicio económico se le asigna la misma parte del valor de amortización.

EJEMPLO

Se adquiere una maquinaria por un importe total de

150.000 euros, con un valor residual de 10.000 euros. Su

vida útil será de 5 años.

a= (150.000-10.000)/5=28.000 euros anuales

Hay que tener presente que la cuota de amortización es anual, es decir, para años completos. Si el bien hubiera sido adquirido en un periodo intermedio del año natural habrá que prorratear los meses que corresponda

Asiento de amortización:

- AIM a AAIM 28.000

NÚMEROS DÍGITOS

- Este método permite determinar cuotas de amortización decrecientes o crecientes.

- Los pasos a seguir para calcular la amortización por números dígitos son: El sujeto pasivo escogerá el período en el que desea amortizar el bien (comprendido en las tablas oficiales).

- Se calcula la suma de dígitos, es decir, se suman los números del período de tiempo que se haya elegido según las tablas oficiales y esto determinará la suma de dígitos.

- A continuación dividiremos el valor a amortizar entre la suma de dígitos obtenida, determinándose la cuota por dígito.

- La cuota de amortización anual se obtendrá como resultado de multiplicar la cuota por dígito por el valor número que corresponda a cada período:

- Si la multiplicación por la suma de dígitos se realiza de forma creciente obtendremos cuotas de amortización creciente

- Si la multiplicación por la suma de dígitos se realiza de forma decreciente obtendremos cuotas de amortización decreciente.

EJEMPLO

Se adquiere una maquinaria por un importe total de 150.000 euros, con un valor residual de 10.000 euros. Su vida útil será de 5 años. Se amortiza en función de los números dígitos crecientes.

Valor del número dígito:
(Precio-V.residual)/$\sum$años=140000/15=9333,33

	DIGITO CRECIENTE	AMORTIZACION CREC.	DIGITO DECRECIENTE	AMORT. DECR
AÑO 1	1	9333,333333	5	46666,6667
AÑO 2	2	18666,66667	4	37333,3333
AÑO 3	3	28000	3	28000
AÑO 4	4	37333,33333	2	18666,6667
AÑO 5	5	46666,66667	1	9333,33333

PORCENTAJES DECRECIENTES

- Con este método debemos calcular un tanto fijo $"t"$ que aplicaremos sobre el valor pendiente de amortizar al comienzo de cada ejercicio. El producto de este tanto y el valor pendiente nos dará como resultado la cuota amortizable en cada ejercicio.

USO

- Las cuotas de amortización se establecen en función del número de horas de trabajo o de las unidades producidas.

EJEMPLO

Se adquiere una maquinaria por un importe total de 150.000 euros, con un valor residual de

10.000 euros. Su vida útil será la posibilidad de fabricar

1.000.000 de piezas. Durante este año ha fabricado 100.000 piezas.

$a = (P-Vr)/Vu = (150.000-10.000)/1.000.000 = 0,14$

Amortización de este año: a* unidades= 0,14*100.000= 14.000 euros.

Asiento de la amortización:

14.000   AIM   a   AAIM   14.000

PERIODIFICACIÓN CONTABLE

La periodificación contable está basada en el principio de devengo, consistente en imputar los ingresos y los gastos en función de la corriente real de bienes y servicios, y no de la corriente monetaria generada por los mismos.

Con ello conseguiremos una imagen fiel del resultado del ejercicio contable, así como del patrimonio.

PRINCIPIO DE DEVENGO

- Se genera un ingreso en el momento en el cual preste el servicio correspondiente o entregue las pertinentes mercancías provenientes de la venta.

- Un gasto se ha devengado en el ejercicio si la entidad ha recibido los suministros o los servicios inherentes al gasto.

- Al determinar el resultado del ejercicio únicamente hay que considerar los ingresos y gastos devengados, no los cobrados y pagados.

AJUSTES POR PERIODIFICACIÓN

- 480 Gastos anticipados
- 485 Ingresos anticipados

- 567 Intereses pagados por anticipado
- 568 Intereses cobrados por anticipado

MOVIMIENTO CONTABLE

Cuando se paga(cantidad total):

Cuenta de gasto   a   Banco/Caja

Fin del ejercicio (importe correspondiente a otros ejercicios económicos)

Gastos anticipados

a

Cuenta de gasto

Comienzo del ejercicio siguiente:

Cuenta de gastos

a

Gastos anticipados

Cuando se cobra(cantidad total):

Banco/caja a Cuenta de ingreso

Fin del ejercicio (importe correspondiente a otros ejercicios económicos)

Cuenta de ingreso

a

Ingresos anticipados

Comienzo del ejercicio siguiente:

Ingresos anticipados

a

Cuenta de ingreso

EJEMPLO

El 1 de julio se paga un seguro por un importe de 1.200 euros y con una duración de un año.

Cuando se paga (cantidad total):

1.200 Prima de seguros

a

Banco/Caja   1.200 euros

Fin del ejercicio (importe correspondiente a otros ejercicios económicos)

600   Gastos anticipados

a

Prima de seguros   600 (1200/12*6)

Comienzo del ejercicio siguiente:

600 Prima de seguros

a

Gastos anticipados 600

> Importe total pagado, dividido entre la duración que tiene el servicio pagado y multiplicado por la duración de los servicios que se han pagado y que no corresponden a este ejercicio económico ya que pertenece a posteriores.

RECLASIFICACIÓN

- La reclasificación consiste en trasladar los vencimientos de largo plazo a corto plazo cuando el mismo se produce en menos de un año desde el 31 de diciembre.

- Dicho ajuste se realizará a 31 de diciembre de cada uno de los ejercicios económicos.

ASIENTO DE RECLASIFICACIÓN

A 31/(12 por el vencimiento de la deuda que pasa a ser a corto plazo

Deuda a largo plazo

a

Deuda a corto plazo

A 31/12 por los derechos de cobro cuyo vencimiento pasan a ser inferiores a un año.

Créditos a c/p

a

Créditos a l/p

EJEMPLO

Se solicita un crédito a una entidad bancaria, el 1 de febrero de 2014 por un importe de 150.000 euros. Dicho crédito habrá que devolverlo el 1 de febrero de 2015, de 2016 y de 2017 en partes iguales.

Constitución:

150.000	Bancos	a	Deuda c/p ent. Cto	50.000
		a	Deudas l/p ent. cto	100.000

31/12/2014

La deuda que tenemos contabilizada a largo plazo, sigue teniendo un vencimiento superior a 12 meses, por lo cual no habrá que realizar ningún asiento de reclasificación.

1/2/2015

50.000		Deuda c/p ent. Cto
	a Bancos	50.000

Aunque en este momento hay una parte de la deuda a corto plazo cuyo vencimiento pasa a ser inferior a un año, la misma no se reclasifica ya que la reclasificación habrá que realizarla a 31 de diciembre.

31/12/2015

50.000		Deuda l/p ent. Cto.
	a Deuda c/p ent. Cto	50.000

www.ingramcontent.com/pod-product-compliance
Lightning Source LLC
Chambersburg PA
CBHW060852170526
45158CB00001B/321